Song
of Stars

Song
of Stars

Guus Luijters

Translated from the Dutch
by Marian de Vooght

Smokestack Books
1 Lake Terrace, Grewelthorpe, Ripon HG4 3BU
e-mail: info@smokestack-books.co.uk
www.smokestack-books.co.uk

Sterrenlied was first published
by Nieuw Amsterdam in 2011.

Dutch text
copyright Guus Luijters.

English translation
copyright Marian de Vooght.

This edition published by
Smokestack Books 2018.

ISBN 9781999827670

Smokestack Books
is represented
by Inpress Ltd

Supported using public funding by
ARTS COUNCIL
ENGLAND

This book has been selected to receive financial assistance from English
PEN's "PEN Translates" programme, supported by Arts Council England.
English PEN exists to promote literature and our understanding of it, to
uphold writers' freedoms around the world, to campaign against the
persecution and imprisonment of writers for stating their views, and to
promote the friendly co-operation of writers and the free exchange of
ideas. www.englishpen.org

'O terrible
Rapenburger Street'
Jaap Meijer

In memory of Sientje Abram,
the children from Rapenburger Street
and all those other children.

Foreword

There is a street in Amsterdam called *Rapenburgerstraat*, where hundreds of Jews used to live at the beginning of the Second World War – among them were 331 children. By the end of 1943 all of these children and most of their families had been deported, mostly to Auschwitz. They are part of the 17,964 Jewish, Roma and Sinti children who were deported from the Netherlands between 1942 and 1945 to be murdered in Nazi death camps.

City archives normally keep lists of people who once lived within their limits. But when nobody recalls the people whose names are on those lists, when all people who possibly knew someone have been killed themselves, how can their lives still be remembered? Even though one very remarkable girl who died in the Holocaust is remembered all over the world, there are thousands of others whose lives are lost to memory. Guus Luijters' *Song of Stars* names 331 child victims and gives back an identity to one of them in particular: Sientje Abram. This happens by way of two voices: Sientje's own voice and that of the poet, who can hear Sientje in his dreams and wonders about her as he writes her life.

Guus Luijters, who was born only a short while after Sientje was murdered, struggled with the problem of how we can imagine this girl when we know nothing about her. Unlike Anne Frank's Secret Annex, not even Sientje's house at *104 Rapenburgerstraat* exists today. It was demolished in 1956 and only a photograph remains. With no memories kept alive, he had to start over, begin with her name and, with some historical information about her street, build her life from there. Sientje Abram's name appears on only a few records, such as her birth certificate and a document published by the Dutch State in 1951 listing citizens who had lost their lives in Nazi concentration camps. These documents prove that she existed.

The name fills the poet with questions until Sientje herself begins to speak. She is nine at the beginning of the war and tells us of the house she lives in, her parents and brothers, her school, synagogue and the games she plays with her friends. In fact, she a chatterbox, filled to the brim with life but growing quieter as her city changes. The number of normal, everyday things Jews are allowed to do becomes smaller and smaller. Sientje's time is limited and she gets less and less space to tell her story. Still, the poet stays to listen to her and write it all down. Until Sientje, in her twelfth year, is forced to go on a train and never returns.

The poetry of the original *Sterrenlied* has made it possible for numerous Dutch readers to engage with Sientje's life and to empathise with her. The translation of *Song of Stars* invites and enables readers of English to do the same. Individual perspectives that come to light through poetry about the Holocaust, as *Song of Stars* also shows, reveal the suffering caused by the Nazi regime. As long as we read and listen, we will not stop thinking about this suffering.

Marian de Vooght

I

Nieuwe namen
die ik heb geleerd
Schoontje Vrouwtje Duifje
allemaal vermoord

Meijer Hartog Isaac Sientje
Esther Judith Sipora
allemaal vermoord

De tram gaat door
de straat de 7
die uit een wereld
komt waar wij niet

komen mijn vader
draagt een hoed hij
begraaft de doden

New names
I have learned
Schoontje Vrouwtje Duifje
all of them murdered

Meijer Hartog Isaac Sientje
Esther Judith Sipora
all of them murdered

The tram runs through
the street the 7
coming from a world
where we don't

go my father
wears a hat he
buries the dead

De straat hangt in
het water masten
op het dak fluiten
als een verre trein

die wolken stookt
van leer azijn en
kolen op het vuur

De winkel op de grond
loert door de planken
vloer van onze kamer
waar een stille klok

met mijn moeder breit
de kinderstoel is
eindelijk verlaten

Waar slapen al die
kinderen wie draagt
de ton de trap af
dekt de tafel wie

haalt kolen mijn grote
broer heet Isak
hij zit op kantoor

The street floats in
water masts on the
roof whistle like
a faraway train

brewing clouds
from leather vinegar
and coal on the fire

The shop below peeks
through the floor
boards of our room
where a silent clock

knits with my mother
the highchair is
empty at last

Where do all those
children sleep who carries
the bucket down the stairs
lays the table who

fetches coal my big
brother is called Isak
he works in the office

Wie de dag is
als een bootje als
een tol een hinkel-
baan gaat niet naar

school maar helpt zijn
moeder koperpoetsen
laat torenklokken slaan

Mijn vriendjes zijn mijn
vriendinnen wij tellen
onze dagen en eten drop
zoethout en koningsbrood

een haring kost zes cent
de kar staat op de brug
mijn vader neemt zijn maat

Zelf heet ik Sientje
maar als ik groot ben
zal ik Sina zijn
of Sien misschien

wie weet want wie
zal weten hoe hij
later heet ik niet

Who the day is
like a little boat like
a top a hop-
scotch does not go

to school but helps his
mother polish copper
rings the church bells

My friends are my
girl friends we count
our days and eat all-sorts
liquorice and sugar bread

a herring is six cents
the cart stands on the bridge
father takes its measurements

Me my name is Sientje
but when I'm older
I'll be Sina
or maybe Sien

who knows 'cause who
can know his later
name I can't

Mietje heet mijn moeder
Mietje Gans wij heten
Abram want zo heet
mijn vader ik slaap

met Aron in een bed
Aron is mijn broer hij
ruikt vaak naar de straat

Op mijn lei schrijf ik
de naam van Mozes
klerenpik en wis hem
dan weer uit Mozes

zit op tafels steekt
garen door de naald en
waant zich een kameel

Hier aan de overkant
woonde rebbe Jokef
Content geef mijn een
cent Jokef Content

en hij zei jij kan
goed rijme maar ik heb
geen cent bij me

Mietje is my mother's name
Mietje Gans our name is
Abram because that's
my father's I share

my bed with Aron
Aron's my brother he
smells like the street

On my slate I write
the name of Mozes
tailor and then
erase it Mozes

sits on tables threads
needles and fancies
he's a camel

Across the street
lived rabbi Jokef
Content give me a
cent Jokef Content

and he said your
rhyming is funny
but I have no money

II

Ik zie je naam door
anonieme vingers in
broos papier geslagen
daar staat je naam

hij kijkt mij aan
licht op en aarzelt
om mij meer te geven

Zo veel namen op je
lijst Aardewerk en Aap
Aandagt Aalsvel Agsteribbe
Bierman Bakker Beugeltas

allemaal vermoord
Sientje Abram ben je
maar ik ken je niet

I see your name hammered
into fragile paper
by anonymous fingers
there is your name

it looks at me
lights up and hesitates
to give me more

So many names on your
list Aardewerk and Aap
Aandagt Aalsvel Agsteribbe
Bierman Bakker Beugeltas

all of them murdered
Sientje Abram you are
but I don't know you

's Morgens zijn er vogels
die tussen daken
scheren ze snijden
door de lucht en schreeuwen

maar het is niet hun naam
ze komen gaan en 's winters
zijn ze voor altijd weg

In de winter ben ik
jarig zes geworden acht
en negen nu ik kreeg
een priktol wou wel

schaatsen maar die zijn
zo duur de zon staat
laag ik heb het koud

De straat is lang met
hoge stoepen die je op
en af kunt gaan als
de heren die vanachter

hoge ramen naar ons
kijken wij rennen en wij
schreeuwen waarom ben ik bang

In the morning there are birds
buzzing between
the roofs they cut through
the sky and shriek

but not their name
they come go and in winter
they're forever gone

Winter time's my
birthday six eight
and nine now I got
a peg top would like

skates but they are
so dear the sun hangs
low I am cold

The street is long with
high steps you can go up
and down on just like
the gentlemen who

watch us from high
windows we run and we
scream why am I afraid

Het is mei en stil op
straat je hoort de vogels
fluiten ze leggen
allemaal een ei heb

ik op school geleerd de
meester zegt dat nieuwe
lente nieuw geluid is

Wie op zijn hoofd gaat staan
zet alles op zijn kop
de zuurfabriek de wijn
van Stein het meisjeshuis

de Snoge de hele stad
doet wat ik wil alles
draait en ik sta stil

Wij zongen van de zeven
boeven en de meester sloeg
de maat we zongen van
de galg en van de diender

van de koning die werd kwaad
we hebben mooi gezongen
waarom was de meester kwaad

It's May and quiet in
the street you hear the birds
whistling they all
lay eggs I learned

in school teacher
says a new-born spring
means new-born sounds

If you stand on your head
all is topsy-turvy
the pickle factory Stein's
wine the girls house

the Snoge the whole city
does what I want everything
turns and I stand still

We sang of the seven
bandits with the teacher beating
time we sang of the
gallows and of the guard

of the king who got mad
we sang nicely why
was teacher mad

Met krijt kleur ik een tegel
blauw en schrijf gauw
wie gek is op de muur
Mirjan is gek heb ik

geschreven zij zit naast mij
in de bank ze is gek
en heeft klitten in haar haar

Ik heb een leeuw gezien
hij sliep de olifanten
liepen naast elkaar de
papegaaien zaten op

een rij ieder op zijn stok
wij keken naar de apen
als beesten in een hok

In de Tip Top eten ze
kasausemangele
uit grote zakken van het
winkeltje ernaast ik heb

nog nooit een film gezien
maar wat niet is dat komt
daar kan je van op aan

With chalk I colour blue
a stone I write who's
crazy fast on the wall
Mirjan is crazy I

wrote she sits next to me
at my desk she's crazy
and has knots in her hair

I saw a lion it was
asleep the elephants
walked side by side the
parrots perched in

a row on their sticks
we watched the monkeys
like beasts in a cage

In the Tip Top they eat
kasausemangele
out of big bags from the
shop next door I have

never seen a film
but one day no
doubt I will

III

Je vader gaf je aan je
naam werd bijgeschreven
als bewijs van je bestaan
je vader liep van de

Plantage terug jij sliep
jij huilde kreeg de borst
en balde meisjesvuisten

Zo zal het zijn gegaan
ik was er niet bij maar dat
hij langs de Schouwburg kwam
lijkt zeer waarschijnlijk wat

speelden ze een Joodse klucht
een operette wie het weet
hoeft niets te zeggen

Your father registered your
name they listed it
as proof of your existence
your father walked back from

the Plantage you slept
you cried you got the breast
and clenched your tiny fists

That's how it must have been
I wasn't there but he
did most likely walk
past the Theatre what

was on a Jewish farce
an operetta if you know
you can keep quiet

De Schouwburg is er nog
maar staat al jaren leeg
hier klinkt geen lied geen lach
geen stem wordt hier gehoord

vaders moeders kinderen
allemaal vermoord door
de stilte rijdt een tram

Een nieuwe jurk en nieuwe
strikken voor de vlechten
in mijn haar mijn moeder
knipt ze uit een zakdoek

die zij vorig jaar voor haar
verjaardag kreeg van tante
Schoontjeleamariannesaar

Mijn broer zegt dat wij Joden
zijn wat Joden zijn wil hij
niet zeggen maar ze eten
kippensoep en houden op

de sjabbes sjabbes wij zijn
dus Joden maar wat wil
mijn broer mij daarmee zeggen

The Theatre still stands
but empty now for years
no sound of song no laughter
voices are no longer heard

fathers mothers children
all of them murdered a
tram moves through silence

A new dress and new
bows for the braids
in my hair my mother
cuts them from a hanky

she got last year for her
birthday from aunty
Schoontjeleamariannesaar

My brother says we're Jews
what Jews are he doesn't
want to say but they eat
chicken soup and have

Shabbos on Shabbos so we
are Jews what does my
brother mean by that

Als ik een boodschap doe
slaolie een maatje een
ons boter voor een cent
azijn krijg ik de centen

mee met centen loop je
anders over de straat
de wereld lijkt van jou

Mijn moeder warmt een beker
melk ze snijdt een boterham
we doen ik zie ik zie wat
jij niet ziet en het is geel

de zon zeg ik maar nee dat
is het niet ik loop naar school
de zon hangt in de ruit

De markt is om de hoek
met zwanen noten fluitjes
en luid bezongen noga-
blokken op de brug zwanen

aan hun poten hangen aan
de lijn en uitgesprongen
vis hapt nog naar adem

When I run an errand
a gill of salad oil three
ounce of butter vinegar
at a cent I'm given money

with money you walk
the street differently
as if the world is yours

Mother heats a cup of
milk cuts a slice of bread
we play I spy with my
little eye and it's yellow

the sun I say but no that's
not it I walk to school
the sun hangs in the window

The market is around the corner
with swans nuts whistles
and chunks of nougat praised
in song on the bridges swans

hang from their feet on
the line and jumped-out
fish still heave breath

Vanuit mijn bed roep ik mijn
moeder mamma mamma zing
voor ons en mijn moeder zingt
rozinkes un mandlen woorden

die ik niet versta *mandlen*
un rozinkes is sehr siess
Sientje wert gesund un frisch

Dromen zijn als reizen
met een zeppelin zweef je
door de wolken en vlieg je
door de lucht over stranden

zeeën steden en nooit meer
ga ik naar benee mijn dromen
reizen in een zeppelin

Ik ben gevallen op het
spoor mijn elleboog geschaafd
en gaten in mijn knie
maar ik heb niet gehuild

in mijn kousen zat een gat
mijn moeder was heel boos
maar ik heb niet gehuild

From my bed I call my
mother mummy mummy sing
for us and my mother sings
rozinkes un mandlen words

I don't know *mandlen*
un rozinkes is sehr siess
Sientje wert gesund un frisch

Dreams are like journeys
with a zeppelin you can soar
through the clouds and you fly
through the sky over beaches

seas cities and I'll never
go down anymore my dreams
travel in a zeppelin

I fell on the tracks got
a graze on my elbow
and holes in my knee
but I didn't cry

a hole in my stockings
my mother was raging
but I didn't cry

IV

Hoe weinig kan je weten
van een kind dat maar een paar
jaar voor jou ter wereld kwam
lang geleden heel dichtbij

zo lang al dood vermoord dat
het is of je nooit bestond
door iedereen vergeten

Maar wie jou vergeten kan
is ook vermoord dus leef je
voort zonder het te weten
schim in eigen dodenrijk

waaruit je je niet terug
laat roepen ik roep je want
ik weet dat je niet luistert

How little can you know
of a child who was born
just a few years before
yourself long ago close by

dead for so long murdered that
it seems you never existed
forgotten by everyone

But those who could forget you
are murdered too so you keep
on living without knowing
shadow in your own hereafter

from where you cannot be
recalled I call you because
I know you are not listening

Luister luister naar mijn stem
die als de stoomfluit van een
trein om aandacht schreeuwt die je
wil vragen hoe je heet hoe

oud je bent en of je 's nachts
wel waakt en als je huilt zijn je
ogen soms van chocola

Ik heb je niet verzonnen
denk ik overal zie ik
je naam maar het kaartje
voor je grote reis is voor

altijd zoek je foto is
verdwenen ik zoek vergeefs
je stem je blik je geur

De oorlog is voorbij er
waren vliegtuigen
en soldaten die in
auto's door de straten

reden spelen we dieffie
met verlos verstoppertje
of is het al te laat

Listen listen to my voice
that hoots for attention like
the steam whistle of a train that
wants to ask your name how

old you are and if you are awake
at night and when you cry your
eyes are sometimes chocolate

I think I didn't make
you up all around I see
your name but the ticket
for your journey is for-

ever lost your photo
gone I search in vain
your voice your eyes your smell

The war is over there
were aeroplanes
and soldiers driving
through the streets in

cars let's play prisoner's
base hide-and-seek
or are we late already

We plakken kranten voor
de ramen 's avonds moet
het donker zijn er gaat
een zanger door de straat

ik doe mijn ogen dicht want
welke vogel wil niet
hoger zingen dan hij vliegt

Alles is zoals het was
mijn vader zet zijn scheermes
aan mijn moeder schenkt de
koffie hij heeft zijn zwarte

kleren aan gaat lopend naar
zijn werk wie er dood zijn
horen wij vanavond

Twee vlinders in de straat die
om zichzelf en elkaar
heen draaien ze vliegen hoog
en hoger in de vroege

morgen van de stad ze
slaan de bedden dicht en
alles neemt voorgoed een eind

We stick newspapers in
the windows evenings
must be dark a singer's
walking down the street

I close my eyes since
all birds long for singing
higher than they fly

Everything is as it was
father strops his razor
blade mother pours the
coffee he wears his clothes

all black and goes to work
on foot we'll hear about
who's dead tonight

Two butterflies in the street
circle round each other and
themselves high they fly
and higher in the city's

early morning beds are
covered and everything
comes to an end forever

Ik hoor mijn vader graven
op Zeeburg gaat zijn spade
in de grond hij klieft kluiten
en een worm die zoals wij

weten niet zal sterven maar
twee wormen wordt zo schept
hij leven bij de doden

In de spiegel kijkt mijn
spiegelbeeld mij aan ǝ[ʇuǝiƨ
heet zij zij draagt mijn naam
ze is het tweelingzusje

dat ik niet kan zijn zij is
wat ik niet ben zichtbaar
en onzichtbaar tegelijk

Iedere morgen groet ik
alle dingen de tafel
dag tafel de klok en het
kleed aan de kraan ga ik mij

wassen in de keuken bij
het raam geef ik ook de maan
een naamdag zeg ik dag maan

I hear my father digging
on Zeeburg his shovel cuts
the ground splitting mud clods
and a worm who as we

know won't die but be
two worms this way he
creates life among the dead

In the mirror my mirror
image looks at me she's called Sientje
she bears my name
she is the twin sister

that I cannot be she is
what I am not visible
and invisible at once

Every morning I greet
all things the table
hi table the clock and the
rug I wash myself at the

tap in the kitchen by the
window I name the moon
too hi I say hi moon

V

Een leven lang al ga ik
door verlaten straten waar
de huizen dichtgetimmerd
zijn en op hoge muren

stukgeslagen flessen staan
nergens namen aan de deur
en spoorloos de bewoners

Het is altijd stil op straat
en altijd zomer lijkt het
met aan de hemel witte
strepen die als stille trams

naar de remise gaan nacht
is het je hoort het knarsen
van de wissels in de rails

My whole life I've walked
deserted streets with
houses hammered shut
and smashed-up bottles

on high walls no
nameplates on the doors
and the people vanished

It's always silent in the street
and it seems forever summer
with its white stripes in the sky
like quiet trams taken

to the depot it is
night you hear the grinding
of the switches in the rails

Hoe zou ik slapen kunnen
in een stilte vol geluid
dat zich niet duiden laat
dat aanzwelt wegebt fluistert

wat je 's nachts niet horen mag
en overdag weer snel vergeet
de dagen zijn mij duister

Nog sluip ik langs de muren
leg mijzelf de tekens uit
die zij achterlieten het
witte cijfer aan de deur

de pijl die ons de weg wees
maar waarheen zij zijn gegaan
staat nergens aangegeven

Ik zou het liefst vergeten
maar de treinen blijven naar
het oosten rijden nacht na
nacht al zo veel jaar jouw reis

is het en niet de mijne
die ik niet vergeten kan
ik ben bij je in de nacht

How could I sleep in a
silence full of sound
that hides its sense from me
that rises ebbs away and whispers

what the night should veil
and is not recalled by day
the days are dark to me

I still steal along the walls
give meaning to the signs
they left behind the
white number on the door

the arrow showing us the way
but the place they went to
won't be found

I would prefer forgetting
but the trains keep driving
East for nights on end so
many years your journey

it is not mine
I cannot forget
I am with you in the night

Alle bruggen staan omhoog
wij lopen door de regen
mijn grote broer en ik
en doen of wij niets zien

wij wonen op een eiland
waar gevochten wordt en wij
niets te verliezen hebben

Mijn springtouw slaat tegen
de straat ik spring en zing
de liedjes die je zingt als
je met je springtouw springt

alle meisjes springen wij
zijn wel met zijn tienen
tot jij naar huis toe moet

Om acht uur roept mijn moeder
me Sientje boven komen
ik ben voor te laat precies
op tijd zegt zij om zes uur

word ik wakker de nacht is
weer voorbij de dag begint
en zal tot acht uur duren

The bridges are all drawn
we are walking through the rain
my big brother and me
and pretend we do not see

we are living on an island
where all people fight and we
have nothing left to lose

My skipping rope beats
on the cobbles I jump and sing
the songs you sing when
skipping with your rope

all girls are jumping we're
as many as ten until you
have to go back home

At eight my mother calls
me Sientje come upstairs
as far as late goes I am
right on time she says at six

I wake and gone is the night
again the day begins
and it will last till eight

Op school is alles delen
wij delen met elkaar wat
er te delen valt op school
is alles raar de een gaat

weg maar wij zijn bij elkaar
gebleven omdat het moet schreeuwt
de meester die nooit schreeuwt

Door de kamer schiet een muis
elke avond zie ik hem
als uit het niets verschijnen
onze muis zeg ik zachtjes

tegen mijn broer de klerepik
die bang voor muizen is en
ze liever zag verdwijnen

Ik mocht met moeder mee naar
sjoel er was wat maar wat wist
ik niet alles duurde lang
behalve als ze zongen

buiten scheen de zon de lucht
was heel erg blauw mijn vader
had zijn hoed op en ik glom

At school it is all sharing
we are sharing with each other
all that can be shared things
are strange at school one person

leaves but we have stayed
together 'cause we have to yells
the teacher but he never yells

A mouse shoots through the room
every night I see him
come as if from nowhere
our mouse I softly say

to my tailor brother
who is scared of mice and
would rather see them go

Mother let me come along to
shul something went on but
I don't know what it all took
long except during the songs

the sun was bright outside the sky
was very blue my father
wore his hat and me I shone

VI

Wat gebeurt is niet gebeurd
de tijd laat zelden sporen
na het heden is niet ons
verleden de tijd verdwijnt

en weet niet van zijn bestaan
is tijdloos als het heden
waarin niets gebeuren kan

De nacht lijkt niet voorbij te
gaan de dag nooit te beginnen
ik hoor kinderstemmen
liedjes zingen die mij wat

vertellen willen maar de
woorden zijn verdwenen
voordat ik ze kan verstaan

What happens hasn't happened
time rarely leaves a trace
the present is not
our past time fades

and is unaware it's there
is timeless like the present
where not a thing can happen

It seems the night is never
ending and the day will not begin
I hear children's voices
singing songs that want to

tell me something but the
words have disappeared
ere I can take them in

In de vroegte in de tuin
hoor ik de merels fluiten
een atalanta zoekt de
zon de maan de horizon

ik loop mijn loopje en maak
zo het pad waarover ik
met jou zal blijven gaan

De zon legt vlekken op het
pad waar ben je gebleven
de rozen geuren maar waar
ben jij ik weet het niet zal

het nooit weten je verdween
of je er nooit geweest was
naamloos eenzaam en alleen

Het meisje dat je was toen
je ophield kind te zijn zal
je altijd blijven je zult
altijd dezelfde liedjes

van verlangen zingen
dezelfde schrammen op je
knie en gaten in je kous

Early morning in the garden
I hear the blackbirds whistle
a red admiral tries to find the
sun the moon horizons

I walk my walk this way I
make the path I will keep
wandering on with you

The sun lays blotches on the
path where have you gone
I smell roses but where
you are I do not know will

never know you vanished
as if you'd not been born
nameless lonely and alone

You will always be the girl
you were when you no longer
were a child you will
always sing those same

songs of longing have those
grazes on your knee and
your stocking full of holes

Heimwee naar het kind dat lang
geleden ongezien de stad
haar straat en huis verlaten
moest om nooit meer terug te

keren heimwee naar de stad
die ik niet gekend heb naar
het kind dat je eens was

We hebben allemaal een
grote ster op onze jas
gekregen de hele straat
ziet geel op de kleintjes na

ze huilen en ze zeuren ·
ze willen ook zo'n ster maar
zij zijn nog niet aan de beurt

Mijn vader is niet blij met
onze ster mijn moeder wil
niet meer naar buiten maar ik
vind hem wel mooi mijn broer

speelt dat hij een sheriff is
die op de boeven schiet
ik ben een ster meer niet

Nostalgia for the child that
had to leave unseen
her city street and home
and never to return

nostalgia for the city that
I never knew for the
child that you once were

All of us wear a big star
now on our jackets
the whole street is looking
yellow except the little ones

they cry and they whimper
they too want such a star but
it isn't yet their turn

My father doesn't like
our star my mother wants
to stay inside but I do
think it's nice my brother

fancies he's a sheriff
shooting bandits
I am just a star

De Rapenburgerstraat is
Jodenstraat geworden en
fietsen mag niet meer op
school wordt niet gezongen

de tram reed voor de laatste
keer ik wou een appel
kopen maar dat mocht niet meer

Om acht uur gaat de deur op slot
niemand mag naar buiten de
ramen moeten dicht we mogen
nergens heen we moeten binnen

blijven tot het morgen wordt
om zes uur staat mijn moeder
op en ontsluit de wereld

Weer is de grote tafel
wit gedekt mijn moeder brandt
een kaars we dopen stukjes
brood in zout mijn vader laat

zich niet verstaan dit is het
brood zegt hij dat je zult
eten dit is waarheen we gaan

Rapenburger Street has
changed to Jewish Street
you can no longer ride your bike
no more songs are heard in school

the tram has done its final
route I went to buy an apple
but I no longer could

At eight o'clock the door is locked
no one goes outside the
windows must be closed we can't
go anywhere we have to stay

inside until the morning
at six o'clock my mother
rises and unlocks the world

Once more the white cloth's on
the dining table my mother burns
a candle we are dipping bits
of bread in salt my father's

words they make no sense this is
the bread he says that you will
eat this is where we must go

VII

Uitzonderlijk de zomers
die langer dan een leven
duren zo'n zomer was het
ik was niet van de partij

maar hield hem binnen handbereik
de zonnevlekken aan de ruit
jouw schaduw in de straten

Je huppelt voor mij uit als
een hinkelbaan de tegels
waarop ik mijn steentje gooi
om de inzet te bepalen

jij zingt een liedje en ik fluit
want ons kan niets gebeuren
onze dagen zijn als uren

Exceptional the summers
that last longer than a lifetime
one of those summers it was
I did not join in

but held it within reach
the sun spots at the window
your shadow in the streets

You skip ahead of me like
a hopscotch grid the stones
on which I throw my pebble
to know the stakes

you sing a song and I whistle
for we are untouchable
our days are like hours

De zon staat op het hoogste punt
en alles gaat zoals het gaat
de fietsers staan bevroren
karren zwijgen in de straat

geen tram te zien de vastgeroeste
wissels lichten op
wie zegt dat het avond wordt

Ik pak je hand en samen
zijn we richting stad gegaan
we liepen langs het water
liepen langs de rails en keken

naar de daken de foto
op de Dam is toen genomen
dromen dromen in mijn dromen

Zomerzon hangt aan de huizen
die uitgeknipt als van karton
roerloos in hun rijen staan
de stad verliest zijn kleur

ik luister naar het kraken
van de trap je bent weer thuis
we wachten op het duister

The sun is at its highest point
and all is as it is
the frozen cyclists carts
stand silent in the street

no tram in sight the rusted
switches lighting up
who says the night will fall

I take your hand and we
have gone to town together
we walked along the water
walked along the rails and raised

our eyes to the roofs the photo
on the Dam was taken then
dreams dreaming in my dreams

Summer sun hangs on the houses
that like cardboard cut-outs
stand unmoving in their rows
the city drops its colour

I listen to the cracking
of the stairs you're home again
we're waiting for the dark

Sientje trekt haar nachtpon aan
en staat op blote voeten
bij de keukenkraan wast ze
haar handen poetst haar tanden

kamt haar haar Sientje ligt in bed
de lakens tot haar oren
als ze huilt wie zal het horen

Ze slaapt niet is niet wakker
ze heeft haar ogen dicht en ziet
de zeeën die ze bevaren
zal de verre kusten

waar rovers vechten om haar schat
en zij maar nauwelijks ontsnapt
wat zij niet weet omdat zij slaapt

Wakker worden deed ik liever
niet liever bleef ik in mijn
dromen maar ze lossen op
en hebben nooit bestaan de dag

gaat met tevredenheid van start
ik weet wel wie ik ben of
ik het zal blijven is de vraag

Sientje puts her nightdress on
and stands on her bare feet
at the kitchen tap she washes
her hands brushes her teeth

combs her hair Sientje lies in bed
the sheets up to her ears
if she's crying who will hear

She doesn't sleep and is not awake
her eyes are closed she sees
the seas on which she'll
sail the faraway coasts

with robbers fighting for her treasure
and she barely can escape
but she's oblivious as she sleeps

Waking up I'd rather
not I'd rather stay inside my
dreams but they dissolve
were never there the day

begins with bread and nothing
I do know who I am whether
I'll stay like this I am not sure

Wat gebeuren gaat wil niemand
weten mijn vader en mijn broers
spreken van werken op de hei
maar of ze dat geloven weet

ik niet mijn moeder praat maar
van de groene *polizei* en
heeft van huilen rode ogen

Ik heb vakantie ik help mijn
moeder met de was en loop
op straat achter de besteller
aan die de groene kaart bezorgt

hij belt aan en maakt iedereen
zo bang dat wij schreeuwen als
schapen die ter slachtbank gaan

Geen tijd te verliezen
de stad wordt leeggehaald
de mensen gaan op reis en
komen niet meer terug de trein

op het Centraal Station
zit iedere avond vol
en vertrekt precies op tijd

What will happen no one wants
to know my father and my brothers
speak of working on the heath
but whether they believe it I don't

know all the time my mother's
talking of the *Grüne Polizei* and
her eyes are red from crying

It's the holidays I help my
mother with the laundry and I walk
behind the postman in the street
who delivers the green card

he rings the bell and scares us all
so much that we squeal like
sheep led to the slaughter

No time to lose
the city's being emptied
people go on journeys and
do not return the train

on Central Station
is packed full each night
leaving right on time

VIII

Wie niet bestaat is dood of
niet geboren maar wie dood
is heeft bestaan en kan niet
zijn doodgegaan wie geleefd

heeft zal bestaan jouw naam is niet
de mijne maar het is jouw naam
wij hebben allebei bestaan

De sporen die ik volg zijn
uitgewist de huizen een
voor een gesloopt straten
pleinen zijn verdwenen ik

kijk maar weet niet wat ik zie
ik zie ik zie wat jij niet
ziet ik zie geen verleden

If you're not here you're dead or
never born but when you're dead
you did exist and can't
have died whoever lived

will always exist your name is not
my name but yours
we both existed

The traces I follow have been
erased the houses torn down
one by one streets and
squares have disappeared I

look but don't know what I see
I spy with my little
eye I see no past

In het geheim gebeurd is
het geheim gebleven geen
mens heeft uit de school geklapt
geen mens heeft iets geweten

alle namen zijn geschrapt
papieren ingenomen
dossier gesloten voor altijd

Wie haar moeder nog gekend
heeft haar nichtje buurvrouw broer
heeft haar niet gekend want
iedereen is dood vermoord

moeder nichtje buurvrouw
boven achter onder voor
vermoord allemaal vermoord

Ik zie de mensen lopen
praten eten de mensen
die nooit hebben bestaan
vullen straten restaurants

ze rijden met de tram en
duwen karren voort waarop
ze zware lasten torsen

Happened in secret
the secret stayed no-
body spilled the beans
nobody knew a thing

all names have been scrapped
papers seized
dossiers closed forever

Those who knew her mother
her cousin neighbour brother
did not know her because
everyone is dead murdered

mother cousin neighbour
above back below across
murdered all of them murdered

I see the people walking
talking eating the people
who never existed are
filling streets restaurants

they're riding on the trams and
pushing carts along on which
they're hauling heavy burdens

Mijn vader hield zijn ogen
dicht hij fietste naar zijn werk
en terug en keek niet op of
om ze waren niet voor hem

gekomen voor hem was dat
genoeg mijn moeder was als
alle mensen alles ging

aan haar voorbij slechts
een naam hebben zij mij
doorgegeven een leven
lang al komt die naam voorbij

ik durf hem hier niet uit te
spreken voorbij voorgoed
voorbij ik werd in onschuld

onbevlekt ontvangen maar
bitter proefde al mijn mond
iedereen was dood maar meer
nog zouden volgen tot een

de laatste was de laatste
trein is nooit vertrokken
en ik speelde op de grond

My father kept his eyes shut
tight he cycled to his work
and back and was playing
dumb they hadn't come for

him for him this was
enough my mother was like
everybody everything

eluded her they
passed just one name
on to me my whole life
through that name comes past

I don't dare to say it here
out loud past forever
past I was conceived

immaculately in innocence but
instantly my mouth was bitter
everyone was dead but more
still were to follow until one

would be the last one the last
train never left and
I was playing on the floor

Ik denk dat ze ons dood gaan
maken aan het einde van
de reis maar niemand mag het
weten dood is als je niet

meer leeft ik ga dood want
hoe kort je ook leven zal
doodgaan mag je niet vergeten

We zitten binnen en we
wachten mijn koffertje
gepakt ik heb mijn naam er
op geschreven en de stad

Sientje Abram Amsterdam
ik weet dat ik op reis ga
waarheen wil ik niet weten

Ze zijn niet gekomen wij
zijn gaan slapen en zijn
weer opgestaan mijn vader
en moeder mijn broers en ik

hoelang kan het nog duren
hoeveel uren telt een dag
ze sluipen naderbij

I think they're going to kill
us at the end of
the ride but no one's allowed
to know dead is when you

live no longer I will die because
no matter how brief your life may be
you should remember dying

We sit inside and we
wait my little suitcase
packed I wrote my name
on it and the city

Sientje Abram Amsterdam
I know I'm going on a journey
where to I do not want to know

They haven't come we
went to sleep and rose
again my father and
mother my brothers and I

how long still can it be
how many hours in a day
they are creeping closer

IX

Ze bonken op de deuren en
schreeuwen van de straat je naam
ze houden hun fatsoen door
niet te stelen of te slaan

ze helpen baby's van de trap
af dragen de schachten van
hun laarzen spiegelend gepoetst

Een tram glijdt de remise uit
hij is getuigd als 8 de lijn
die bij gebrek aan toekomst
vast is opgeheven het is

nacht een jaar geleden werd
gestaakt nu rijdt de tram bij
nacht en ontij vuile vrachtjes

They bang on the doors and from
the street they shout your name
they stay polite by
not hitting or stealing

they help carry babies down
the stairs the legs of
their boots shined like mirrors

A tram glides out of the depot
its sign is 8 the line
that was cancelled for lack
of future it is

night a year ago there was
a strike now at ungodly hours
the tram takes dubious fare

De tram schuift door de Kinkerstraat
rechtsaf de Bilderdijkstraat in
twee smalle spleetjes licht blauw
in het duister geen mens op straat

geen mens die aan de ramen staat
de lege tram gaat ongezien
zijn weg maar het is gezien

Wanneer was je opgehaald als
je je huis verliet of als je
in de laadbak was gestapt en
naar de schouwburg reed

waar ze je naam noteerden
voor transport meteen vertrekken
snel snel het leven is maar kort

's Nachts was het druk in de
Plantage de menigte
werd de trams in gejaagd onder
toezicht van mannen met honden

enkele reis Centraal Station
vier volle trams een meisje
van elf op het achterbalkon

The tram slips through Kinker Street
goes right on Bilderdijk
two narrow cracks of light blue
in the dark not a soul is out there

not a soul standing at the windows
the empty tram follows its tracks
unseen but it has been seen

When were you taken as
you left your house or as you
stepped onto the truck and
rode to the theatre

where they took down your name
for transport leave straight away
quick quick life is too short

At night it was busy in the
Plantage crowds
were chased onto the trams
watched by men with dogs

a single to Central Station
four trams were crammed a girl
of eleven in the back

Wie kent het Centraal Station
om kwart voor tweeën 's nachts wie
kent het duister van perrons
waar overal politie staat en

zo veel mensen staan te wachten
die als de dood zo bang zijn
voor het donker als de dood

De stoker gooit de kolen op
het vuur de schoorsteen rookt
het is tijd om in te stappen
en wat komt te laten komen

je vader heeft je hand gepakt
je moeder droogt haar tranen
jij weet ik ben alleen

Ik ken de datum en het uur
dat de trein begon te rijden
alle passagiers ken ik bij
naam ik weet waar ze geboren

zijn en waar ze woonden maar
wie zij waren weet ik niet
en kan ik niet vergeten

Who's familiar with Central Station
at a quarter to two at night who
knows the darkness of platforms
with police everywhere and

so many people waiting
who are scared to death
for the dark to death

The stoker throws coal on
the fire the chimney smokes
it is time to get in
and let come what may

your father has taken your hand
your mother is drying her tears
you know I am alone

I know the date and the hour
that the train started moving
all the passengers I know them by
name I know their place of

birth and where they lived but
who they were I do not know
and cannot forget

Het zal haar eerste treinreis zijn
geweest die nachtelijke rit
door duister Nederland geen
Naardermeer voor haar geen Lange

Jan maar in Hooghalen scheen de
de zon de ritprijs was vijf gulden
die mocht ze zelf betalen

Van de trein gelopen naar
een kamp waar we eten kregen
en in hoge bedden sliepen
ik droomde van een land hier

ver vandaan waar wolken
pijn langs de hemel dreven
morgen gaat een nieuwe trein

Ze schrijven alles op wie je
bent waar je vandaan komt wanneer
je bent geboren wat kan het
ze schelen zij blijven hier

zijn blij dat wij er waren om
onze namen te bewaren
en voor hen op reis te gaan

It must have been her first train
ride that night-time trip
through murky Netherlands no
Naarder Lake for her no Long John

tower but the sun shone in
Hooghalen the fare was a fiver
they let her pay for herself

Walked from the train to
a camp where we got food
and slept in high beds
I dreamed of a land far

away where clouds
drove pain along the sky
tomorrow another train leaves

They write it all down who you
are where you're from when
you were born what do they
care they stay here

are glad that we came to
keep our names
and go on a journey for them

X

De kleine Sientje heeft ze
Bach gehoord de zee gezien
het blauwe wonder van de vrouw
die een brief leest op een zwanger

schilderij is ze gekust zag
ze de morgenster de maan
de grutto's in het weiland staan

Kon ze fietsen zwemmen dammen
at ze graag lof of liever
boerenkool zelfs haar school laat
zich niet plaatsen ze is zoek

verdwenen kwijt haar griffel
en haar lei haar naam gewist
haar schaatsen nooit gevonden

Little Sientje did she
hear Bach see the sea
the blue miracle of the woman
reading a letter on a pregnant

painting has she been kissed did she
see the morning star the moon
the godwits standing in the meadow

Could she cycle swim play checkers
did she favour chicory or
kale I cannot even find
her school she is lost

vanished gone her pencil
and her slate her name erased
her skates never found

Tijd voor stilte nu ik luister
naar wat zich niet horen laat
een schoolklas die de tafels
zingt de sleutel in het slot

de toren van de Zuiderkerk
die niet meer weet hoe laat het is
Sientje's schaduw in de straat

Strooien deed je op de dag
voor je vertrekken moest maar
in bepaalde wijken Sientjes
hadden zo veel knikkers niet

zij hadden niets te geven
ze raakten alles kwijt
daarin was arm aan rijk gelijk

Ze ging op reis wat nam ze mee
een lepel en een mes en vork
misschien een warme muts een lint
voor in haar haar een bedeltje

een ansicht van een poes misschien
een potlood stuiver diadeem
en wat ze vergeten was

Time for silence now I listen
to what cannot be heard
a school class singing times
tables the key in the lock

the Zuider Church tower
no longer knowing the time
Sientje's shadow in the street

You were sharing on the day
before you had to leave but
in certain quarters Sientjes
didn't have that many marbles

they had nothing to give
they lost all they had
poor and rich were equal in that

She went on a trip what did she take
a spoon and a knife and fork
a warm hat maybe a ribbon
for her hair a tiny charm

a postcard of a cat maybe
a pencil penny headband
and what she had forgotten

'Er waren drie kaboutertjes
dat waren zulke stoutertjes
ze plakten een bloempje fijn
wat zou dat voor een bloempje zijn

ze fluisterden het in mijn oor
het is een vergeet-mij-nietje hoor
je schoolvriendinnetje (vermoord)'

Wie zal nog aan haar denken
Fietje Bonewit van boven
de kleine Meijer van hiernaast
Nathan Wegloop Maurits Elsje

tante Roosje in haar winkel
huilt ze weet welk lot hun wacht
Sientje Abram ging haar voor

De tram rijdt niet meer door de straat
de synagoge zit op slot
de weeshuismeisjes wachten
achter blinde deuren op

de bange dag wie gaat sterven
weet niet langer wat hij droomt en
water stroomt zoals het stroomt

'Once upon a time three little gnomes
o they were such little rogues
they stuck a delicate flower see
what little flower would that be

they whispered its name in my ear
it's a forget-me-not my dear
your friend from school (murdered)'

Who will now still think of her
Fietje Bonewit from upstairs
little Meijer from next door
Nathan Wegloop Maurits Elsje

auntie Roosje in her shop is
crying knows which fate awaits them
Sientje Abram went before

The tram runs through the street no more
the synagogue is locked
the orphanage girls are waiting
behind unseeing doors for

the fearful day those about to die
no longer know their dreams and
the water flows the way it flows

Niemand ziet haar niemand weet
dat ze 's nachts nog door de kamers
waart de steile trap op gaat
naar de lattenzolder waar zij

haar evenbeeld bespiedt en
de wacht houdt tot de dageraad
haar roept en meevoert in de rij

In de vroege morgen zijn ze
door de poort gegaan bepakt
gezakt bewaakt en opgejaagd
zo stil als hier kan het niet zijn

maar van ver al horen ze
de trein die rustig ademhaalt
en wacht de trein heeft alle tijd

Wij zijn vertrokken en komen
niet terug mijn vader mijn moeder
mijn broers en duizend anderen
in een trein geladen zijn wij

afgevoerd ik heb niet gezwaaid
ik heb niet omgekeken
ik ben gegaan en kom niet terug

Nobody sees her nobody knows
she wanders through the rooms
at night climbs the old steep stairs
to the slatted loft where she

studies her reflection and
stands guard until the break of day
calls and leads her to the queue

In the early morning they went
through the gate all packed
loaded guarded and chased
it can't be as quiet as here

but from afar they already hear
the train that breathes quietly
and waits it has all the time in the world

We have left and won't
come back my father my mother
my brothers and thousands of others
loaded onto a train we have been

deported I didn't wave goodbye
I didn't look back
I've left and won't come back

XI

Reiziger doet Birkenau
waar hij in de wind die over
de bevroren vlakte jaagt
de namen van de doden hoort

de namen van de kinderen
uit de Rapenburgerstraat die
net als Sientje zijn vermoord

Abraham Ensel Salomon
Ensel Grietje Frank Klara Frank
Keetje Frank Saartje Frank Saartje
Meijer Benjamin Simons

Mina Simons Levie de Beer
Hartog de Beer Oskar Steuer
Joseph Kool Greta Kool Betje

A tourist does Birkenau
where in the wind that rages
across the frozen plain
he hears the names of the dead

the names of the children
from Rapenburger Street who
just like Sientje were murdered

Abraham Ensel Salomon
Ensel Grietje Frank Klara Frank
Keetje Frank Saartje Frank Saartje
Meijer Benjamin Simons

Mina Simons Levie de Beer
Hartog de Beer Oskar Steuer
Joseph Kool Greta Kool Betje

Kool Israel Kropveld Lientje
Kropveld Abraham Kropveld
Samuel Kropveld Marcus
Kropveld Elkan de Magtige

Sapi de Magtige Anna
Vogel AbrahamVogel
Jansje Vogel Salomon

Vogel Sipora Segal
Ruth Segal Nathan Segal
Dora Natt Elsa van Herpen
Marion Preuss Salomon

Hagenaar Michel Hagenaar
Leendert Hagenaar Rebecca
Hagenaar Lena Hagenaar

Theresia Hagenaar
Samson Poen Philip Theeboom
Sientje Theeboom Catharina
Theeboom Meijer Visser Meijer

Segal Sophia Rodrigues
Fietje de Klijn Nathan de Klijn
Jacob de Klijn Henri de Klijn

Kool Israel Kropveld Lientje
Kropveld Abraham Kropveld
Samuel Kropveld Marcus
Kropveld Elkan de Magtige

Sapi de Magtige Anna
Vogel Abraham Vogel
Jansje Vogel Salomon

Vogel Sipora Segal
Ruth Segal Nathan Segal
Dora Natt Elsa van Herpen
Marion Preuss Salomon

Hagenaar Michel Hagenaar
Leendert Hagenaar Rebecca
Hagenaar Lena Hagenaar

Theresia Hagenaar
Samson Poen Philip Theeboom
Sientje Theeboom Catharina
Theeboom Meijer Visser Meijer

Segal Sophia Rodrigues
Fietje de Klijn Nathan de Klijn
Jacob de Klijn Henri de Klijn

Salomon de Klijn Rebekka
Soep Jetty Haring Willem
Haring Abraham Haring
Reina Haring Nathan Haring

Meijer Blaaser Max Hangjas
Clara Hangjas Hendrika
Hangjas Leendert Hangjas

Aron Hangjas Branca Hangjas
Abraham Hangjas Harry
Hangjas Marianna Hangjas
Lea Rodrigues David

Rodrigues Levie Nebig
David Kool Sam Speijer
Lena Gobets Joseph

Vieijra Eva Waterman
Joseph Waterman Mozes
Waterman Barend Waterman
Betje Waterman Sipora

Blom Aron Blom Milka de
Hond Samuel de Hond Aaltje
Platvoet Elisabeth Platvoet

Salomon de Klijn Rebekka
Soep Jetty Haring Willem
Haring Abraham Haring
Reina Haring Nathan Haring

Meijer Blaaser Max Hangjas
Clara Hangjas Hendrika
Hangjas Leendert Hangjas

Aron Hangjas Branca Hangjas
Abraham Hangjas Harry
Hangjas Marianna Hangjas
Lea Rodrigues David

Rodrigues Levie Nebig
David Kool Sam Speijer
Lena Gobets Joseph

Vieijra Eva Waterman
Joseph Waterman Mozes
Waterman Barend Waterman
Betje Waterman Sipora

Blom Aron Blom Mika de
Hond Samuel de Hond Aaltje
Platvoet Elisabeth Platvoet

Joseph Platvoet Nathan Tak
Suzanna Tak Mozes Tak
Abraham Beugeltas Levie
Beugeltas Isaac Beugeltas

Judith van Geens Philip Pens
Jacob Pens Samuel Pens
Hartog Haag Jacob Haag Wolf

Haag Alida Wijnschenk Lodewijk
de Beer Nathan Barmhartigheid
Abraham Barmhartigheid
Louis Polak Deborah Polak

Leendert Visser Joseph Visser
Philip Visser Rachel Visser
David Visser Jansje Kool

Henriette Kahn Bertha
Polak Philip Polak Anna
Polak Maurits Polak Jozua
Polak Levie Brilleslijper

Judith Brilleslijper Jozef
Brilleslijper Keetje van
Lochem Jenny van Lochem

Joseph Platvoet Nathan Tak
Suzanna Tak Mozes Tak
Abraham Beugeltas Levie
Beugeltas Isaac Beugeltas

Judith van Geens Philip Pens
Jacob Pens Samuel Pens
Hartog Haag Jacob Haag Wolf

Haag Alida Wijnschenk Lodewijk
de Beer Nathan Barmhartigheid
Abraham Barmhartigheid
Louis Polak Deborah Polak

Leendert Visser Joseph Visser
Philip Visser Rachel Visser
David Visser Jansje Kool

Henriette Kahn Bertha
Polak Philip Polak Anna
Polak Maurits Polak Jozua
Polak Levie Brilleslijper

Judith Brilleslijper Jozef
Brilleslijper Keetje van
Lochem Jenny van Lochem

Vrouwtje van Lochem Max van
Lochem Felix Nagel Mirjam
Davidson Jacob Davidson
Vogeltje DavidsonWolf

Davidson Abraham Künstlinger
Emanuel Digtmaker Barend
Canes Harry Blaaser Meijer
Blaaser Paulina Blaaser

Salomon Blaaser Andreas
Blaaser Jacob Blaaser Gerard
Blaaser Elleke Trijtel
Klaartje Presser Michel Hilversum

Hijman Hilversum Jacob
Hilversum Andreas Tromp
Arend Tromp Jacob Tromp Barend

van Os Simon van Os Jetje
van Os Rachel van Os Duifje
van Os Susanna Philips Judith
Goudeketting Mozes Gobits

Nathan Gobits Salomon Appel
Rachel Roodveldt Goedman Piller
Jacques Piller Eva Simons

Vrouwtje van Lochem Max van
Lochem Felix Nagel Mirjam
Davidson Jacob Davidson
Vogeltje Davidson Wolf

Davidson Abraham Künstlinger
Emanuel Digtmaker Barend
Canes Harry Blaaser Meijer
Blaaser Paulina Blaaser

Salomon Blaaser Andreas
Blaaser Jacob Blaaser Gerard
Blaaser Elleke Trijtel
Klaartje Presser Michel Hilversum

Hijman Hilversum Jacob
Hilversum Andreas Tromp
Arend Tromp Jacob Tromp Barend

van Os Simon van Os Jetje
van Os Rachel van Os Duifje
van Os Susanna Philips Judith
Goudeketting Mozes Gobits

Nathan Gobits Salomon Appel
Rachel Roodveldt Goedman Piller
Jacques Piller Eva Simons

Mina de Jong Benjamin de
la Fuente Sientje da Costa
Izak da Costa Elisabeth
Meents Nathan Bloch Keetje

Simons Eliazer Simons
AnnaWegloop Meijer Kloos
Cobi Polak Rebecca

Klepman Marianna Klepman
Abraham Soep Mozes Caransa
Rachel Swaab Elisabeth Swaab
Hanna Swaab Kaatje Swaab Jonas

Swaab Marianne van de Kar
Greta van de Kar Israel
Lopes Salzedo Judith Lopes

Salzedo Bertha Salzedo
AbrahamVisser Leentje
Visser Eva Visser Jaantje
Visser Hartog Visser Leendert

Visser Lea Visser Philip
Visser Judith Piller Bertha
de Wolf Sara IJzerkoper

Mina de Jong Benjamin de
la Fuente Sientje da Costa
Izak da Costa Elisabeth
Meents Nathan Bloch Keetje

Simons Eliazer Simons
Anna Wegloop Meijer Kloos
Cobi Polak Rebecca

Klepman Marianna Klepman
Abraham Soep Mozes Caransa
Rachel Swaab Elisabeth Swaab
Hanna Swaab Kaatje Swaab Jonas

Swaab Marianne van de Kar
Greta van de Kar Israel
Lopes Salzedo Judith Lopes

Salzedo Bertha Salzedo
Abraham Visser Leentje
Visser Eva Visser Jaantje
Visser Hartog Visser Leendert

Visser Lea Visser Philip
Visser Judith Piller Bertha
de Wolf Sara IJzerkoper

Hanna Lierens Samuel Deegen
Esther Blitz Catherina
Blitz Schoontje Blitz
Esther Gobits Marianna

Gobits Nathan den Brave
Hijman den Brave Marianne
den Brave Salomon den Brave

Philip van den Berg Levie
van den Berg Victor van Zanten
Mozes de Hond Ephraim de
Hond Jozep de Hond Hartog

de Hond Annetje de Hond
Greta de Hond Judith de Hond
Pauline Tas Bets Nunes Vas

Selma Nunes Vas Isaac Vas
Nunes Isaac Abram Mozes
Abram Aron Abram Sienje
Abram Joseph Bonewit Sophia

Bonewit Elsje Bonewit
Izak Brilleman Sophia
Brilleman Lena Brilleman

Hanna Lierens Samuel Deegen
Esther Blitz Catharina
Blitz Schoontje Blitz
Esther Gobits Marianna

Gobits Nathan den Brave
Hijman den Brave Marianne
den Brave Salomon den Brave

Philip van den Berg Levie
van den Berg Victor van Zanten
Mozes de Hond Ephraim de
Hond Jozep de Hond Hartog

de Hond Annetje de Hond
Greta de Hond Judith de Hond
Pauline Tas Bets Nunes Vas

Selma Nunes Vas Isaac Vas
Nunes Isaac Abram Mozes
Abram Aron Abram Sientje
Abram Joseph Bonewit Sophia

Bonewit Elsje Bonewit
Izak Brilleman Sophia
Brilleman Lena Brilleman

Alida Brilleman Rozette
Brilleman Emanuel Brilleman
Maurits Wegloop Nathan Wegloop
Isaac de Groot Joseph de Groot

Hijman Kijl Nathan van Kolm
Joseph van Kolm Henri Aandagt
Jacques Aandagt Heintje Premselaar

Ennie Leeman Herman Snoeck Nathan
Snoeck Mozes Snoeck Jacob Snoeck
Abraham Snoeck Fina Snoeck
Jesaias Snoeck Jacob Montezinos

Leo Montezinos Frida
Montezinos Miepie van
Velzen Louis van Velzen

Elisabeth Samson Rebecca
Samson Samuel Samson Louis
Visser Rebecca Visser Reina
Engelsman Arnold Pachter

Catharina van Adelsbergen
Sonja van Adelsbergen Sara
Italiaander Vrouwtje

Alida Brilleman Rozette
Brilleman Emanuel Brilleman
Maurits Wegloop Nathan Wegloop
Isaac de Groot Joseph de Groot

Hijman Kijl Nathan van Kolm
Joseph van Kolm Henri Aandagt
Jacques Aandagt Heintje Premselaar

Ennie Leeman Herman Snoeck Nathan
Snoeck Mozes Snoeck Jacob Snoeck
Abraham Snoeck Fina Snoeck
Jesaias Snoeck Jacob Montezinos

Leo Montezinos Frida
Montezinos Miepie van
Velzen Louis van Velzen

Elisabeth Samson Rebecca
Samson Samuel Samson Louis
Visser Rebecca Visser Reina
Engelsman Arnold Pachter

Catharina van Adelsbergen
Sonja van Adelsbergen Sara
Italiaander Vrouwtje

Italiaander Hijman Schaap
David Schaap Maurits Schaap Gerrit
Brilleman Marjanne Brilleman
Elisabeth Brilleman Hanna

Allegro Benjamin Coopman
Johan Trompetter Mozes
Trompetter Anna Trompetter

Betsy Trompetter Abraham
Trompetter Selma Trompetter
Nanette Trompetter Johanna
Trompetter Rachel van Beseme

Babetta van Beseme Hendrika
Polak Mozes Lijmer Joseph
Lijmer Raphael Lijmer Simon

Nunes Vaz Jacob Nunes Vaz Esther
Nunes Vaz Hendrika Nunes Vaz
Andries Nunes Vaz Sara Nunes
Vaz Abraham Nunes Vaz Eva Hirsch

Dora Natt Edith Rolef Ilse Rolef
Lea Bleekveld Lena Berkowics Betty
Springer Mietje Schwarz Rosina

Italiaander Hijman Schaap
David Schaap Maurits Schaap Gerrit
Brilleman Marjanne Brilleman
Elisabeth Brilleman Hanna

Allegro Benjamin Coopman
Johan Trompetter Mozes
Trompetter Anna Trompetter

Betsy Trompetter Abraham
Trompetter Selma Trompetter
Nanette Trompetter Johanna
Trompetter Rachel van Beseme

Babette van Beseme Hendrika
Polak Mozes Lijmer Joseph
Lijmer Raphael Lijmer Simon

Nunes Vaz Jacob Nunes Vaz Esther
Nunes Vaz Hendrika Nunes Vaz
Andries Nunes Vaz Sara Nunes
Vaz Abraham Nunes Vaz Eva Hirsch

Dora Natt Edith Rolef Ilse Rolef
Lea Bleekveld Lena Berkowics Betty
Springer Mietje Schwarz Rosina

Veerman Ruth Nathan Clara Dasberg
Susanna Veerman Sipora Segal
Elisabeth Polak Lena Bloemist
Liane Moses Rijna Schuitevoerder

Lena Polak Henriette Aardewerk
Elsa van Herpen Marjon Preuss
Hanna Rones Edith Lakmaker

Louise Redisch Ida Olman
Abraham Roeper Sientje de
Jong Alida Krant Joseph
Appelboom Barend Kroonenberg

Aaltje Moscoviter Elisabeth
Moscoviter Sientje Haringman
allemaal vermoord

Veerman Nathan Clara Dasberg
Susanna Veerman Sipora Segal
Elisabeth Polak Lena Bloemist
Liane Moses Rijna Schuitevoerder

Lena Polak Henriette Aardewerk
Elsa van Herpen Marjon Preuss
Hanna Rones Edith Lakmaker

Louise Redisch Ida Olman
Abraham de Roeper Sientje de
Jong Alida Krant Joseph
Appelboom Barend Kroonenberg

Aaltje Moscoviter Elisabeth
Moscoviter Sientje Haringman
all of them murdered

Afterword

Sientje Abram was born on 23 February 1931 at 36 *Rapenburgerstraat* in Amsterdam. Her father, Abraham Abram, was a shoemaker. Her mother's name was Mientje Gans. Sientje Abram had three older brothers: Isak, Mozes and Aron. Sientje Abram was an ordinary girl from an ordinary family in an extraordinary street. A tramline ran through the narrow street that ended in a square, *Jonas Daniel Meijerplein*, the location of the city's two big synagogues. Situated on the street itself were the Dutch Israelite Orphanage for Girls; the *Beth Hamidrash*, an important Jewish religious school; the Seminary, also called the Rabbi School; a synagogue called '*Neie Kille*, also popularly referred to as the Fat Belly Shul because of the rash young brides', as noted by Willy Lindwer. There was a pickle factory, Stein's wine store, and of course numerous small businesses like dairy shops, coal sellers, grocers and cobblers. *Rapenburgerstraat* was the heart of the Amsterdam Jewish quarter.

On 15 February 1933, the Abram family moved to 104 *Rapenburgerstraat*, first floor. The cobble shop was not continued and we can assume that Abraham Abram at that moment became a gravedigger for the Dutch Israelite Head Synagogue, an occupation he still held in 1941 according to the required registration of Jews in January of that year. 104 *Rapenburgerstraat* had been declared uninhabitable, but one month later, after 'restoration', this verdict was cancelled. There is a photograph dating from 1956, of the building shortly before it was finally demolished. Four rooms were hidden behind the three narrow windows of the first floor: the living room, a children's room, the parents' bedroom and the kitchen. There was no toilet but a 'commode'. Every evening the buckets were put outside and emptied by the 'Boldoot cart' men.

On the second floor lived Barend Bonewit and his wife Leentje with their three children: Joseph, Sofia and Elsje. The ground floor housed a butcher's shop until 1938; after that there was a grocer's that was kept by Levie, Hester and Roosje Levy, all originally from Leek. All of them were murdered.

No memories exist of Sientje Abram. Virtually everybody who knew her has been murdered. Children of survivors from her family had never heard of her. A survivor, who talked to me in the *Rapenburgerstraat* as we sat at a patio table in front of *Waterlooplein Café* and who used to live diagonally across from number 104 during the war, could not remember the Abram children. He did mention that Sientje most likely had gone to the *Oudeschans School* on *Nieuwe Batavierenstraat*. After the separation in education had been enforced in the autumn of 1941, she must have gone to the 4th Jewish School for Regular Primary Education at the *Oudeschans* or to the 5th Jewish School for Regular Primary Education on *Waterlooplein*. When Sientje was deported, she was in the final year, Year 6.

For Sientje Abram's case, we have to make do with a few scant documents: Sientje Abram's name is on the family card; the letters NED are stamped after her name, which meant she was Dutch. It is unclear why she has the stamp after her name and the other members of the family do not. In the January 1941 report of the required registration of Jews, Sientje is entered as 'pupil'. Her brother Isak appears to be employed by then as 'office assistant' and Mozes is 'apprentice tailor'. On her identity card we find 'NI' and a 'J' following her name. According to the same card her father received an identity card with the number 397011.

The registration document of Sientje Abram

After having been removed from their house by two Dutch policemen on the evening of Friday 4 September, 1942, Sientje Abram, her parents and her brothers were possibly taken in a bus or a truck to a square called *Adama van Scheltemaplein*, where they were registered first and then, from the *Beethovenstraat* stop, taken by tram to Central Station. It is more likely though, that the police took them on the evening of September 2, 3 or 4 to the nearby guard post on *Jonas Daniel Meijerplein*, which was first used as assembly point in that week. The registration took place in the *Hollandsche Schouwburg*, the Holland Theatre. After that they were brought to Central Station. On Saturday September 5, at 2:16 in the morning, the train departed that would arrive in Hooghalen at 5:48 a.m. From there, they must have walked the five kilometres, more than an hour, to Westerbork. On arrival at Westerbork camp they were registered again. Abraham Abram gave 'diamond cutter' as his profession.

The card used for Sientje's registration is stamped '5 SEP. 1942'. It also has handwriting by a certain 'Stern'. The card has a number: 34500.

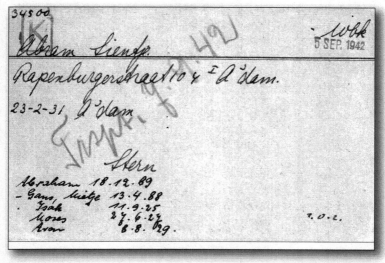

Sientje's registration card

In the bottom-right corner there is 'z.o.z.' ('see above') in Stern's handwriting. There are contact details on the back: 'Zijlstra Woonschuit Nw Heerengracht bij Muiderstraat A'dam' (Zijlstra Barge Nieuwe Heeren Canal at Muider Street Amsterdam). The mooring place of Klaas Zijlstra's lighter was across from number 57 at *Nieuwe Heerengracht*.

On Monday 7 September, 1942, Sientje Abram and her parents and brothers were woken up at half past two in the night. One hour later they were guarded by the military police as they were walking to Hooghalen, where they must have arrived between half past four and five o'clock. Train number 10888, an old passenger train coming from Groningen, arrived at 8:03 a.m. in Hooghalen. At 8:30 a.m. the train left with its 930 involuntary passengers in the direction of Assen. At 9:07 a.m. it arrived in Groningen, where it stayed for ten minutes. At 10:02 a.m. it crossed the Dutch border at Nieuweschans.

A survivor, Samuel Abrams, called the journey 'a trip through hell': 'We were not permitted to ask for water for the children, you were not allowed to step outside and when you accidentally stuck your head out of a window for a second at a station, you were hit back in by the *Grüne Polizei*'. The deportation train route went via Hamburg (or Hannover), Berlin and Breslau to Kosel, about 80 kilometres to the west of Auschwitz. The train stopped at Kosel and the men between sixteen and fifty years of age were taken off the train to do forced labour in the camps of Organization Schmelt.

Among them were Isak and Mozes Abram. They arrived via Niederkirch in Seberdorf (Zebrzydowice), camp number 3310, where they died at the latest on 31 March 1943.

Sientje Abram, her father, her mother and her brother Aron arrived in Auschwitz in the night between 8–9 September. On the *'Judenrampe'* situated close to Auschwitz a selection took place, at which 6 men and 26 women were admitted to the camp. The others, the men separated from the women and children, went on foot or in trucks to the gas chamber, about four kilometres further, within the gates of Birkenau.

Sientje Abram was gassed together with her mother and her brother Aron in Bunker I or II. The men were gassed after the

Name: (bei Frauen auch Geburtsname)	Vorname:	Geb.Datum:
Abrahamson	Jaques	15.10.29 -
Abrahamson	Marianne	3.7.28
Abrahamson-Seijl	Mietje, Carol.	26.2.73
Abrahamson	Philip	24.8.98 -
Abram	Abraham	18.12.89 -
Abram	Aron	8.8.29
Abram	Barend	19.4.76
Abram	Bernard	26.6.35 -
Abram-van West	Elisabeth	23.3.83
Abram-Brillenslijper	Esther	25.12.73
Abram-Rootveld	Hendrina	28.2.89
Abram	Isak	11.9.25
Abram	Jaques, Max	28.6.40
Abram	Lea	16.10.78
Abram-Zruteman	Maria	29.6.13
Abram	Marianne	8.7.94
Abram-Gans	Mietje	13.4.88
Abram	Moses	2.12.91
Abram	Moses	27.6.27
Abram	Mozes	7.11.81
Abram- de Paauw	Rebecca	15.12.91
Abram	Sara	27.11.80
Abram	Schoontje	24.7.76
Abram	Sientje	22.2.31
Abram	Simon	2.5.72
Abram	Simon	10.10.36 -
Abram	Simon	2.5.32
Acathan-Casoetto	Elisabeth	25.10.78
Acathan-van Gelderen	Elisabeth	26.7.84
Acathan-Rootveldt	Henriette	18.6.90
Acathan	Samuel	6.1.91
Acathan	Samuel	31.5.77
Acathan-Haringman	Sara	8.7.75
Achttienribbe	Eliazer	23.7.77
Achttienribbe-Fonteijn	Keetje	6.1.65

List with names of Jews deported from the Netherlands on 7 September 1942.

bodies of the women and children had been taken away. The corpses were thrown into mass graves dug by prisoners. Some weeks later the corpses were dug up again and burned. The ashes were thrown into the lakes behind the bunkers.

On 18 September 1942, Lippmann, Rosenthal & Co. sent the following letter to the *Generalkommissar für Wirtschaft* (Commissioner General for Economic Affairs):

Lippmann, Rosenthal & Co. Sarphatiestraat
Telephone 56041 (4 lines)
51980, 51536, 51717
Telegram address: Lippkar
Giro 179478

Amsterdam-C, the 18th of September 1942
Mr Commissioner General for Special Economic Affairs
The Hague
44 Laan Copes van Cattenburch
Re. Deported Jews Lists (Letter No.6)

With reference to our letter of the 10th of September 1942, we hereby submit the list about the transport of the 7th of September 1942, No. 1-26.

Lippmann, Rosenthal & Co Sarphatiestraat.

[illegible signature] [illegible signature]

The names of the 930 people who had been deported on 7 September 1942, among whom Sientje Abram, her father, her mother and her three brothers, are typed in carbon-blue letters onto 27 sheets of white duplication paper.

On 21 September 1942, the *Hausraterfassungsstelle* (Household Effects Registration Office), under the authority of the *Reichsleiter* Rosenberg Taskforce, made an inventory of the Abram family household furniture and furnishings:

'List of household effects of 104, 1st floor, Rapenburgerstraat as inventoried on 21 September, 1942

Living room
Linoleum/runner/rug/net curtain(3)/hanging lamp/figurine/wall clock/table/sideboard/divan/table/chair(3)/armchair(2)/ mirror/clock/coal oven/wall cabinet

Children's room
Linoleum/folding bed with bed linen/washbasin/chair(2)/ game/newspaper container

Parents' bedroom

Linoleum/net curtain(2)/wall plate/figurine(2)/double bed with bed linen/night stand(2)/medicine cabinet/high chair/linen-cupboard/wall cabinet

Kitchen

Linoleum/runner/net curtain(2)/gas cooker/tableware/ cupboard'

After the inventory the house was emptied by Puls' moving firm.

A form from 22 February 1951 found in the Central Europe archive of the Dutch Red Cross Information Office.

MINISTERIE VAN JUSTITIE

Krachtens het bepaalde in artikel 2 van de Wet van 2 Juni 1949 (Staatsblad no. J 227), is op heden 22 Febr. 1951, vanwege de Minister van Justitie aangifte gedaan van het overlijden op de hieronder vermelde data en plaatsen van de daarbij aangegeven vermisten, zulks bij de ambtenaren van de burgerlijke stand van de gemeente waar de vermiste laatstelijk woonachtig was.

Aid. = Amsterdam. — Won. = Laatsbekende woonplaats. — † = Tijdstip en plaats van overlijden. — O. = Oswieum (Polen) — lg = Laatstelijk gehuwd met.

The appendix of the Nederlandse Staatscourant, Thursday 22 February 1951, no. 38: list of names and official declaration of the deaths of formerly missing persons, published by the Department of Justice

138

On the change-of-address card for 104 *Rapenburgerstraat* the name Abram has been crossed out and the final version reads '23/11/'42 Dld'. ('Dld' is *Duitschland*: Germany). On Sientje's identity card it says '23 Nov 42 Duitschland'.

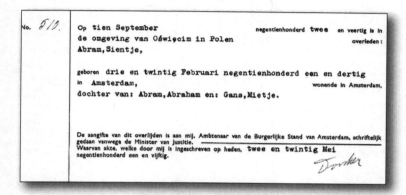

Sientje Abram's death certificate, submitted to the Officer of the Amsterdam Civil Registry, 22 May 1951

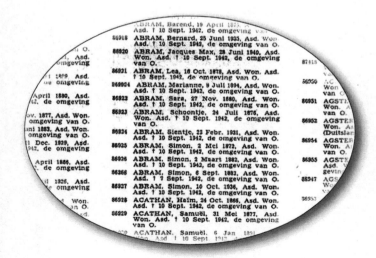

On Thursday the 22nd of February 1951, Sientje Abram's death, in the vicinity of Oswiecim, was recorded in the *Nederlandse Staatscourant* (Netherlands National Gazette).

This is all that I found out about Sientje Abram.

Guus Luijters
Amsterdam, 9 September 2010